Helga Pfannstiel

Bewerbung mit Erfolg

Helga Pfannstiel
(Private Arbeitsvermittlerin)

Bewerbung mit Erfolg

Impressum

© 1. Auflage 2007, Halle
Projekte-Verlag Cornelius GmbH, Halle 2007
www.projekte-verlag.de • info@projekte-verlag.de
Alle Rechte vorbehalten, auch die des auszugsweisen Nachdruckes, des öffentlichen Vortrages und der Übertragung in Rundfunk und Fernsehen.

Layout, Satz: Projekte-Verlag Cornelius GmbH, Halle
www.jucogmbh.de • info@jucogmbh.de

ISBN 978-3-86634-270-5
Preis: 12,50 EURO

Vorwort

Dieses Buch soll Ihnen helfen Ihre Bewerbungsunterlagen auf den neuesten Stand zu bringen und zwar so wie es von Unternehmen vorausgesetzt wird.

Mit Ihrer Bewerbung werben Sie für sich selbst, aber über 90% aller Bewerbungen erfüllen dieses nicht.

Nach 30 Jahren Selbstständigkeit und 4 Jahre bei einem Bildungsträger, zuständig für Bewerbungsunterlagen und Arbeitssuche. Nach Richtigstellung der Unterlagen habe ich bis 90% in Arbeit gebracht.

Jetzt arbeite ich als private Arbeitsvermittlerin und muss jeden Tag feststellen, dass die Bewerbungsunterlagen falsch sind und mit falschen Unterlagen fallen bereits 90% in der Vorauswahl mit ihrer Bewerbung für das Vorstellungsgespräch heraus. Dies hat mich veranlasst Ihnen mit diesem Buch, eine bessere Grundlage für Ihre Bewerbung zu geben und zwar so wie Unternehmen die Unterlage möchten, damit Sie Ihre Chancen am Arbeitsmarkt verbessern. Heute bewerben Sie sich mit hunderten für eine Stelle und wenn Ihre Bewerbung nicht das Interesse des Unternehmers bewirkt, durch gute Ausführung und genau auf die Stelle gerichtet bekommen Sie eine Absage.

Inhaltsangabe

	Seite		Seite
Gründe der Arbeitslosigkeit	9	Musteranschreiben	41
Auswirkung der Arbeitslosigkeit	9	Lebenslauf-Muster	55
Wege aus der Arbeitslosigkeit	9	Aufbau Lebenslauf	55
Stellenanzeigen richtig lesen	9	Lebenslauf-Muster	57
Private Arbeitsvermittler	10	Telefonische Bewerbung	79
Vermittlungsgutschein	10	Vorbereitung	80
Was können Sie selbst tun?	10	Während des Gesprächs	80
Arbeitszeugnisse	12	Telefonmarketing	81
Leistungsbeurteilung	13	Training	83
Zeugnisse richtig lesen!	14	Bewerbermarketing	84
Negative Äußerungen	16	Telefon-Akquisation	85
Inhalte Arbeitszeugnisse	17	Bewerbung am Telefon	86
Bewerbung	17	Fehler beim Telefonieren	87
Bewerbermappe	18	Vorstellungsgespräch	88
Vorblatt	19	Erlaubte Fragen	89
Bewerbung Muster	31	Personalfragebogen	90
Musterschreiben	31	Bewerbungsfehler	91
Auf Anzeige	33	Die meisten Fehler	91
Einleitung	33	Eignungstest üben	92
Eigenschaften	35	Tipps zum Eignungstest	93
Eigene Beschreibung	35	Flyer-Blindbewerbung	93
Zeugnisse	36		
Abschluss	37	Bewerbungsflyer	Beilage

Gründe der Arbeitslosigkeit

- Fehlende Qualifikationen
- Kein Schulabschluss
- Keine Ausbildung
- Schlechte Deutschkenntnisse
- Fehlende Motivation
- Fehlverhalten im Betrieb
- Alkohol und Drogenkonsum
- Alter
- Übergewicht
- Nicht teamfähig
- Berufsbild nicht mehr aktuell
- Nach Familienpause
- Betriebsschließung

Wege aus der Arbeitslosigkeit

- Jeden Tag Stellenangebote lesen
- Internet
- Tageszeitungen
- Jobbörsen
- Freunde und Bekannte fragen
- Blindbewerbungen
- Private Arbeitsvermittler
- Zeitfirmen
- Evtl. Weiterbildung

Auswirkung der Arbeitslosigkeit

- Einkommen zu gering
- Kein Urlaub Auto zu teuer
- Kredite können nicht getilgt werden
- Schulden werden größer
- Gesundheitliche Auswirkungen
- Zuviel Alkohol
- Schlafstörungen
- Langeweile
- Keine Freunde mehr
- Versagergefühl

Stellenanzeigen richtig lesen

- Wer sucht einen Mitarbeiter?
- Was wird hergestellt?
- Wo ist der Betrieb?
- Welche Qualifikation ist erforderlich?

Wann sollten Sie sich bewerben?

Wenn Sie noch Arbeit haben, eine andere Stelle wollen oder Abbau, Kündigung droht.

Es ist viel leichter aus einer vorhandenen Stelle eine neue Arbeitsstelle zu finden und Unternehmer bevorzugen solche Mitarbeiter, auch können Sie dann noch einen Lohn verlangen, welcher Ihrem jetzigen Lohn entspricht. Wenn Sie arbeitslos sind, fällt Ihr Lohn, Sie müssen sich ganz neu in die Firma mit Ihrem Lohn anpassen.

Sie haben einen Zeitvertrag, was sollten Sie beachten?

Sie haben einen Zeitvertrag z.B. auf 1 Jahr befristet, dann müssen Sie 3 Monate vor Ablauf des Vertrags sich bei der Agentur für Arbeit arbeitssuchend melden, wenn Sie dies nicht tun, könnte Ihnen die Agentur für Arbeit Sie **3 Monate sperren**.

Welche Hilfen bekommen Sie von der Agentur für Arbeit bei Arbeitslosigkeit und was müssen Sie tun?

1. Sofort, wenn Sie wissen, dass Sie arbeitslos werden sich bei der Agentur für Arbeit arbeitslos oder arbeitsuchend melden und sofort mit der Arbeitsuche beginnen.

2. Alle erforderlichen Papiere mitbringen für die Agentur für Arbeit.
    Lohnsteuerkarte
    Kopie der Rentenversicherung
    Krankenkasse
    Arbeitsbescheinigung des Arbeitgebers
    Wenn Unterlagen fehlen, kann in der Agentur für Arbeit dies nicht bearbeitet werden.

3. Auch sollten Sie nach **privaten Arbeitsvermittlern** suchen. Wenn Sie 6 Wochen arbeitslos sind, haben Sie einen Anspruch auf einen Vermittlungsgutschein (ist eine **Kann-Maßnahme,** Sie können schon nach der Arbeitslosmeldung einen Vermittlungsgutschein erhalten).

4. Wenn Sie 3 Jahre insgesamt versicherungspflichtig gearbeitet haben, besteht ein Anspruch auf einen **Bildungsgutschein** z.B.: für Qualifizierung EDV, Lager/Logistik, Sicherheit mit § 34a, Staplerschein usw. Wenn Sie unter 25 Jahren sind, dann besteht der Anspruch schon früher.

Was können Sie selbst tun?

1. Alle Bewerbungsunterlagen auf den neuesten Stand bringen, damit Sie Werbung für sich selbst machen können. Heute bewerben Sie sich mit hunderten wenn nicht noch mehr und Sie müssen mit Ihrer Bewerbung Aufmerksamkeit bei dem Unternehmer erreichen. 90% fallen schon bei der Vorauswahl durch, weil die Unterlagen falsch sind.

2. Möglichst jeden Tag im Internet nach geeigneten Stellen suchen und auch in Zeitungen.

3. Freunde und Bekannte fragen, ob diese offene Stellen wissen und sich bewerben.

4. Flyer an Firmen schicken, um sich auf freien Stellen zu bewerben, die noch nicht ausgeschrieben sind.

5. In der eigenen Stadt bei bestimmten Berufen nachsehen ob Stellen z.B. im Schaufenster ausgeschrieben sind.

6. Auch alternative Stellen suchen, um so schnell wie möglich wieder in den Arbeitsmarkt zu kommen. Umso länger Sie arbeitslos sind um so schneller werden Sie als faul abgestempelt und bekommen schwerer eine Stelle. Arbeitslosigkeit nicht als Urlaub ansehen, irgendwann gibt es wieder eine Stelle, dies funktioniert in der heutigen Zeit nicht mehr.

7. Die Firmen sind heute sehr wählerisch, sie können meist unter hunderten wählen. Auch auf die eigene Weiterbildung achten. Evtl. an Weiterbildungsmaßnahmen teilnehmen, um dann noch besser qualifiziert in den Arbeitsmarkt zu kommen.

8. Zeitfirmen können auch eine Alternative sein, um wieder eine Stelle zu finden. Bewerden Sie sich bei mehreren Zeitfirmen, auch dadurch kann man in eine Firma kommen, welche man später übernimmt. Große Firmen holen in verschiedenen Bereichen nur Mitarbeiter aus Zeitfirmen und suchen sich dann die Besten aus zur Übernahme.

9. Wenn Sie sich nicht selbst bemühen, bleiben Sie auf der Strecke und fallen dann unter Hartz IV oder keinen Bezug.

Arbeitszeugnisse

Sie haben bei jedem Arbeitgeber einen Rechtsanspruch auf ein qualifiziertes Arbeitszeugnis und dies ist auch wichtig für Ihre berufliche Zukunft. Wenn ein Arbeitszeugnis fehlt, denkt meist der neue Arbeitgeber es wäre so schlecht, dass Sie es nicht zeigen wollen.

Wenn ein Arbeitgeber kein Zeugnis ausstellen will, können Sie vor dem Sozialgericht, für Sie meist kostenfrei, auf die Ausstellung eines wohlwollenden Arbeitszeugnisses Klagen. Der Arbeitgeber wird meist verlieren, denn es gibt den Rechtsanspruch. Auch wenn das Zeugnis für Sie schlecht ausfällt, können Sie auf ein wohlwollendes Zeugnis bestehen.

Es gibt aber auch in der Zeugnissprache eine Umschreibung, woran man erkennt, wie Sie gearbeitet haben und diese sollten Sie kennen. Damit Sie evtl. ein neues Zeugnis verlangen können.

Die Leistungsbeurteilung findet in der Regel nach folgendem Formularschema statt:

Sehr gute Leistungen:
- hat die ihm/ihr übertragenen Aufgaben <u>stets zu unserer vollsten Zufriedenheit</u> erledigt
- in <u>jeder</u> Hinsicht
- <u>immer sehr zufrieden</u>
- den Erwartungen in <u>allerbester</u> Weise entsprochen

Gute Leistungen:
- hat die ihm/ihr übertragenen Aufgaben stets zu unserer vollen Zufriedenheit erledigt
- in bester Weise entsprochen
- waren mit den Leistungen stets zufrieden
- Leistungen waren gut.
- Leistungen fanden unsere volle Anerkennung.

Befriedigende bis durchschnittliche Leistungen:
- hat die ihm/ihr übertragenen Aufgaben stets zu unserer Zufriedenheit erledigt
- waren mit den Leistungen jederzeit zufrieden
- hat unseren Erwartungen in jeder Hinsicht entsprochen
- hat jederzeit zufriedenstellend gearbeitet.

Mangelhafte Leistungen:
- hat sich bemüht, die ihm/ihr übertragenen Aufgaben zu erledigen
- war stets bemüht.
- hat die ihm/ihr übertragenen Aufgaben im großen und ganzen zur vollen Zufriedenheit erledigt
- Leistungen haben unseren Erwartungen entsprochen

Ungenügende Leistungen:
- hatte Gelegenheit, die ihm/ihr übertragenen Aufgaben zu erledigen
- konnte dem die ihm/ihr übertragenen Aufgaben nicht gerecht werden, war bemüht, die ihm/ihr übertragenen Aufgaben zu unserer Zufriedenheit zu erledigen.

Zeugnisse richtig lesen!

Der Arbeitgeber schreibt   meint

Zeugnistext	Bewertung
... stets/ständig ... vollste Zufriedenheit	Sehr gute Leistungen
... stets/ständig ... Zufriedenheit	Gute Leistungen
... volle Zufriedenheit	Befriedigende Leistungen
... Zufriedenheit	Ausreichende Leistung
... im Großen und Ganzen ... zur Zufriedenheit	Mangelhafte Leistungen
... hat sich bemüht.	Sehr mangelhafte Leistungen
Keinerlei Bemerkungen über die Leistungen und das Verhalten	Sowohl Leistung wie Betragen nicht befriedigten.
Lediglich Bemerkungen über das Verhalten	Die Leistungen unbefriedigend ausfielen
Keine Bemerkungen über den Austrittsgrund	Es besteht die Möglichkeit, dass er gefeuert wurde.
Der Austritt erfolgte im gegenseitigen Einverständnis.	Die Firma war wahrscheinlich froh, dass der Mitarbeiter ausgetreten ist.
Der Austritt erfolgte auf eigenen Wunsch.	Es handelt sich um einen normalen Austritt, der keine besonders große Lücke hinterlässt.
Der Austritt wird bedauert.	Man verliert diesen Mitarbeiter nur ungern, er war tüchtig.
Der Austritt wird sehr bedauert.	Der Mitarbeiter war sehr tüchtig, er hinterlässt eine empfindliche Lücke.

Das Zeugnis dient dem beruflichen Fortkommen des Arbeitnehmers, muss deshalb dem Format entsprechen.

Nicht alle Umschreibungen sind für den Arbeitnehmer negativ. Über die Bedeutung der Aussagen in den Arbeitszeugnissen sollte Sie jedenfalls Bescheid wissen:

Arbeitnehmerinteressen: „… sich engagiert für Arbeitnehmerinteressen eingesetzt hat …", bedeutet dies, dass der Arbeitnehmer aktives Gewerkschaftsmitglied und eventuell sogar im Betriebsrat war.

Arbeitserleichterungen: „… machte häufig Vorschläge zu Arbeitserleichterungen." Dies weist häufig auf einen faulen und bequemen Arbeitnehmer hin, dem es an ausreichendem Einsatz mangelt.

Ausscheiden: Steht im Zeugnis nur, wann der Arbeitnehmer ausgeschieden ist, nicht aber, warum, dann kann der neue Arbeitgeber zuverlässig davon ausgehen, dass das alte Arbeitsverhältnis verhaltensbedingt gekündigt wurde.

Bedauern: Bedauert der Arbeitgeber im Zeugnis den Weggang des Arbeitnehmers, kann man das grundsätzlich ernst nehmen.

Betriebsklima: „… stets zur Verbesserung des Betriebsklimas beigetragen …" hat, dann bedeutet das allgemein, dass er dem Alkohol mehr als zuträglich zuspricht und/oder Klatsch und Tratsch weiter erzählt hat.

Dank: Kein Arbeitgeber ist verpflichtet, sich beim Arbeitnehmer zu bedanken. Tut er das doch, kann man davon ausgehen, dass er das ernst meint.

Einfühlungsvermögen: „… bewies viel Einfühlungsvermögen in die Probleme anderer Mitarbeiter." Dies bedeutet, dass der Arbeitnehmer auf Sexualkontakte mit Kollegen aus war.

Einvernehmlich: „Das Arbeitsverhältnis wurde im gegenseitigen Einvernehmen gelöst." Das bedeutet meist, dass der Arbeitnehmer selbst gekündigt hat, bevor dieser gekündigt wurde und deutet darauf hin, dass ein Vergleich in einem Kündigungsschutzprozess geschlossen wurde.

Pünktlichkeit: „… war stets pünktlich." Dies bedeutet, dass dem Chef nichts Positives über den Arbeitnehmer eingefallen ist, denn Pünktlichkeit ist selbstverständlich! Wenn dies trotzdem erwähnt wird, war er wenigstens immer pünktlich.

Verbesserungsvorschläge: „… war immer für einen Verbesserungsvorschlag gut." Wenn nicht mit Zusätzen für welche, besagt dies, dass er ein Besserwisser ist.

Zukunftswünsche: Vergleiche Dank und Bedauern. Nichts Negatives.

Ehrlich: Wenn Sie mit Geld zu tun hatten, muss **„ehrlich"** im Zeugnis stehen, sonst haben Sie gestohlen.

Ich hatte einen Mann in einem Kurs, bei dem „ehrlich" im Arbeitszeugnis vergessen wurde und der dadurch 5 Jahre keine Stelle bekommen hat. Erst ich konnte den Fehler ihm mitteilen und das Arbeitszeugnis wurde berichtigt, danach hat er sofort eine Stelle bekommen. Also unbedingt darauf achten!

Negative Äußerungen

Stets bemüht: Zwar hat er sich bemüht – geschafft hat er es aber nicht.

Stets pünktlich: Wenn etwas hervorgehoben wird, was selbstverständlich ist, dann gibt es sonst nichts hervorzuheben, sprich: Ansonsten war der Mann eine Niete!

Geselliges Wesen: Er sprach regelmäßig dem Alkohol zu!

Einfühlungsvermögen: Wenn er besoffen war, hat er sich an die weiblichen Mitarbeiter herangemacht.

Verbesserungsvorschläge: Ein Querulant, der immer was zu meckern hatte.

Einvernehmlich getrennt: Wir haben ihm nahe gelegt, Leine zu ziehen – sonst hätten wir ihn rausgeworfen.

Inhalte der Arbeitszeugnisse

Bei Beendigung eines Arbeitsverhältnisses muss der Arbeitgeber dem Arbeitnehmer schriftlich ein Zeugnis ausstellen. Gemäß § 630, S.1 BGB muss aus dem Zeugnis hervorgehen, wie lange der Arbeitnehmer für den Arbeitgeber gearbeitet hat. Auch zur Art des Arbeitsverhältnisses muss das Arbeitszeugnis Stellung nehmen (sog. einfaches Zeugnis).

Auf Verlangen des Arbeitnehmers ist das Zeugnis gemäß § 630, S. 2 BGB darüber hinaus auf Angaben zur Leistung und Führung des Arbeitnehmers zu erstrecken (sog. qualifiziertes Zeugnis). Dieses qualifizierte Zeugnis muss alle wesentlichen Tatsachen und Bewertungen enthalten, die für die Beurteilung des Arbeitnehmers von Bedeutung sind. Der zukünftige Arbeitgeber muss sich anhand des Zeugnisses eine klare Vorstellung über den Arbeitnehmer machen können.

Der Inhalt des Zeugnisses muss der Wahrheit entsprechen. Darüber hinaus muss das Zeugnis aus sich heraus verständlich sein, d.h., es darf keine Geheimzeichen enthalten.

Weigert sich der Arbeitgeber, dem Arbeitnehmer ein Zeugnis auszustellen, kann dieser beim Arbeitsgericht auf Erstellung eines Zeugnisses klagen. Hat der Arbeitgeber zwar ein Zeugnis ausgestellt, ist dieses nach Ansicht des Arbeitnehmers aber nicht ordentlich ausgefallen, ist ebenfalls eine Zeugnisklage möglich.

Über den Inhalt eines Zeugnisses sollten sich die Parteien nach Möglichkeit außergerichtlich einigen.

Achten Sie deshalb auf Ihre Zeugnisse, diese zeigen Ihre Arbeitsleistung auf und helfen Ihnen für Ihr weiteres Fortkommen, denn Sie werden nach Ihren Qualifikationen und Leistungen bezahlt.

Bewerbung aber richtig, DIN-Norm Muster

Die richtige Bewerbung besteht aus verschiedenen Teilen und Sie sollten darauf achten, dass Sie mit diesen Unterlagen für sich Werbung machen und das Interesse des Personalchefs oder des Unternehmers erwirken. Bei schlechter Bewerbung werden Sie gleich aussortiert und erhalten kein Vorstellungsgespräch. Umso höher Ihr Berufswunsch umso mehr sollten Sie auf die Bewerbung achten.

Die Bewerbermappe besteht aus:
Vorblatt
Anschreiben
Lebenslauf
Bei höher Qualifizierung auch besonderer Werdegang
Arbeitszeugnissen
Schulzeugnisse

Auf dem Vorblatt sollte sein:
1. Die Stelle, worauf Sie sich bewerben.
2. Ihr Bild
3. Ihre Adresse mit Telefon

Das Vorblatt können Sie auch farbig gestalten, evtl. mit dem Firmenzeichen, finden Sie im Internet, dies zeigt Ihre Kreativität und Ihr Interesse an der Stelle, nur bei konservativen Firmen schwarz/weiß.

Ihr Bild sollten Sie von einem Fotograf auf CD machen lassen und dann in die Bewerbungen einfügen ist Preiswerten, als wenn Sie sich dauert, Bilder machen lassen.

Nur bei **hohen Positionen** muss ein originales Bild eingefügt werden.
Ohne Vorblatt kommt das Bild auf den Lebenslauf rechts oben, aber es ist positioneller mit einem Vorblatt.

Ich über mich:

Zusatz „ich über mich" zum Lebenslauf können Sie noch genauer beschreiben, warum Sie sich für die Stelle interessieren und woher Sie die Kenntnisse haben, dies wird bei Firmen gut angenommen.

Muster-Vorblatt

Bewerbung als Verkaufsrepräsentantin

Such GmbH & Co. KG.
Autovermietung, Mainz

Bild

Anita Mustermann • Berliner Straße 63 • 55126 Mainz • ☎ (0 61 31) 77 55 22

BEWERBUNG

Axel GmbH & Co. KG
55411 Bingen

Bewerbung als Verkäuferin

Bild

Helga Muster
Hauptstr. 6

55116 Mainz
☎ 0 61 31 / 66 55 33

Grünbaum AG

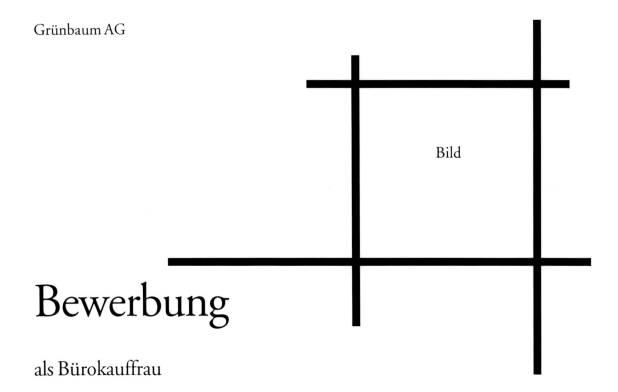

Bewerbung

als Bürokauffrau

Marion Mustermann
Kaiserstr. 14

55116 Mainz
☎ 0 61 31 / 99 22 66

Bewerbung als Disponentin bei der

Hauser AG
Herr Wilhelm
Auguststr. 99
55116 Mainz

Bild

Erika Muster
Hausstr. 4

55118 Mainz
☎ 06131 / 11 22 33

K + P Grünbau GmbH
Garten- und Landschaftsbau

Bewerbung als Garten- und Landschaftsbauer

Bild

Hans Gau
Grünstr. 11

55120 Mainz
☎ 0 61 31 – 55 44 33

Deutsche Bach AG, Projektbau

Bewerbung als Projektleiter

Bild

Charles Muster
Kesselweg 6
55126 Mainz
☎ 0 61 31 / 99 11 66

Musterschreiben nach Din Norm

Marion Mustermann   Mainz, 8. Februar 2007
Müllergasse 8
55121 Mainz
☎ 0 61 31 / 11 22 99
•
•
•   = 6 Leerzeilen, d. h. 7 Zeilenschaltungen ab der Telefonnummer bis zur
•   Empfängeradresse
•
•
Boehringer Ingelheim Pharma KG
Personalabteilung – Herr Schmitt
•   = 1 Leerzeile, d. h. 2 Zeilenschaltungen
55216 Ingelheim am Rhein
•
•   = 4 Leerzeilen, d. h. 5 Zeilenschaltungen
•
•
Bürofachkraft Vollzeit
•
•   = 2 Leerzeilen, d. h. 3 Zeilenschaltungen
Sehr geehrter Herr Schmitt,
•   = 1 Leerzeile, d. h. 2 Zeilenschaltungen
TEXTBEGINN

TEXTENDE
•   = 1 Leerzeile, d. h. 2 Zeilenschaltungen
Mit freundlichem Gruß / Mit freundlichen Grüßen
•
•   = 3 Leerzeilen, d. h. 4 Zeilenschaltungen
•
Anlagen
•

Wichtige Anmerkungen:

Unter die Grußformel kommt „nur" handschriftlich die eigene Unterschrift mit Vor- und Zuname.

Sämtliche Anlagen werden unter oder – falls wenig Platz vorhanden ist – neben der Überschrift „Anlagen" aufgezählt (z. B. Lebenslauf, Arbeitszeugnisse, Zeugnisse etc.)

1. Auf Anzeige

An Ihrer Stellenanzeige im Mainzer Wochenblatt vom ... habe ich großes Interesse.

Ihr Stellenangebot in der Agentur für Arbeit vom ... interessiert mich sehr.

Durch Frau ... von ... habe ich erfahren, dass bei Ihnen eine Stelle in der ... frei ist. An diesem Stellenangebot bin ich sehr interessiert.

An Ihrem Stellenangebot in der AZ vom ... bin ich sehr interessiert.

Ihr Stellenangebot in der ... vom ... interessiert mich sehr.

Ihr Stellenangebot im ... vom ... Sie suchen einen begeisterten Mitarbeiter für technische Aufgaben in Ihrem Betrieb.

Ihre Stellenausschreibung in der Agentur für Arbeit, in der Sie einen ... suchen, interessiert mich sehr.

Ihr Stellenangebot in der AZ vom ... Sie suchen einen ... und hier bin ich.

2. Einleitung

Ich habe mehrjährige Erfahrung in Verkauf. Der Umgang mit Menschen macht mir sehr viel Freude und jetzt suche ich eine Neuorientierung, deshalb finde ich diese Arbeit ist für mich das Richtige.

Ich habe eine abgeschlossene Ausbildung als ... bei ... habe ich ... Jahre erfolgreich in meinem Beruf gearbeitet.

Nach meiner Ausbildung zur ... suche ich eine neue Herausforderung. Ich habe sehr große Freude am Verkauf und am Umgang mit Menschen.

Meine Ausbildung habe ich im ... erfolgreich abgeschlossen und mehrere Jahre in meinem Beruf gearbeitet.

Ich habe mehrjährige Erfahrung im ... in verschiedenen Firmen gesammelt und diese Arbeit macht mir viel Freude.

Ich habe zunächst eine Ausbildung als ... abgeschlossen und anschließend ... Jahre als ... im Bereich ... gearbeitet.

Seit ... arbeite ich bei der Firma ... im Bereich ... dort bin ich unter anderem für ... zuständig.

Während meiner Tätigkeit in der Firma ... habe ich umfassende Kenntnisse / Erfahrungen im Bereich ... erworben, die ich in den darauffolgenden Jahren durch ... noch weiter vertiefen konnte.

Für die ausgeschriebene Position bringe ich folgende Voraussetzungen mit: ...
Ich habe (sehr) gute Kenntnisse auf den Gebieten ...

Ich habe Erfahrungen im Umgang mit ... außerdem verfüge ich über gute ... -kenntnisse.

Positive persönliche Merkmale / Eigenschaften:

Neuem gegenüber aufgeschlossen	kreativ
Pünktlich in der Erledigung ...	fleißig
rasches Auffassung- und Umsetzungsvermögen	leistungsbereit
erfolgsgewohnt	zuverlässig
begeisterungsfähig	erfolgreich
qualifiziert	aufgeschlossen
loyal, eigenverantwortlich	lernbereit, erfahren
überzeugend	ehrlich, korrekt
zielbewusst, zielstrebig	kundenorientiert
teamorientiert, teamfähig	unternehmensorientiert
stets bereit Neues zu lernen und umzusetzen	verantwortungsbewusst
engagiert, verhandlungssicher	ideenreich, anpassungsfähig

3. Eigene Beschreibung

Ich habe eine sehr gute Auffassungsgabe die von Ihnen gestellten Arbeiten zu erledigen. Zu meinen persönlichen Stärken gehören Teamfähigkeit, Flexibilität und Zuverlässigkeit. Bei körperlicher Arbeit und Stress bewahre ich die Ruhe.

Ich komme sehr gut mit Kollegen aus, kann aber auch selbstständig arbeiten, bin flexibel und kann mich schnell in neue Tätigkeiten einarbeiten.

Ich habe eine sehr gute Auffassungsgabe, die es mir ermöglicht, mich schnell in neue Bereiche einzuarbeiten. Zu meinen persönlichen Stärken gehören Flexibilität, Engagement, Zuverlässigkeit und Teamgeist.

Zu meinen persönlichen Stärken gehören Flexibilität, Zuverlässigkeit, gute Teamarbeit und bei Stress auch nicht die Ruhe zu verlieren.

Ich bin flexibel habe ein gutes Auffassungsvermögen und habe großes Interesse für neue Arbeitsgebiete.

Zu meinem persönlichen Profil gehören eine hohe Einsatzbereitschaft, Belastbarkeit, Weiterbildungsinteresse, der Umgang mit Menschen macht mir Freude, ich arbeite gerne im Team und übernehme die mir übertragenen Arbeitsbereiche eigenverantwortlich.

Ich denke, dass ich in Ihrer Firma eine Chance bekommen könnte. Sie können sich auf mich verlassen, ich arbeite mit vollem Einsatz und bin ein sehr umgänglicher Mensch, ebenso bin ich sehr belastbar und bei Stress bleibe ich gelassen.

Ich habe ein schnelles Auffassungsvermögen, bin flexibel, zuverlässig, teambereit, ehrlich und freundlich.

Ich bin flexibel einsetzbar und kann mich schnell und sicher in neue Aufgabengebiete einarbeiten sowie zuverlässig, belastbar und teamfähig.

Als ehemaliger ... habe ich mich nach einer neuen Tätigkeit für mich umgesehen und ich denke, dass ich in Ihrem Betrieb eine Chance bekomme.

Sie können sich auf mich verlassen, ich bin immer einsatzbereit, teamfähig, flexibel und belastbar.

Ich verfüge über ein sicheres Auftreten, bin flexibel und der Umgang mit Menschen, Vorgesetzten, Kollegen liegt mir auch sehr. Außerdem habe ich eine sehr gute Auffassungsgabe, die es mir ermöglicht mich in neue Tätigkeiten schnell einzuarbeiten.

4. Zeugnisse

Mein letzter Arbeitgeber bescheinigt mir Freundlichkeit im Umgang mit den Mitarbeitern und Kunden. Zuverlässigkeit und sorgfältige Durchführung meiner Arbeiten wird mir auch bestätigt.

In meinem Zeugnis werden mir Zuverlässigkeit, Fleiß und das Erledigen der Arbeiten zur vollen Zufriedenheit bestätigt.

Meine ehemaligen Arbeitgeber bescheinigen mir Zuverlässigkeit sowie den kompetenten und freundlichen Umgang mit Kunden und Kollegen.

Mein ehemaliger Arbeitgeber bescheinigt mir Zuverlässigkeit und sehr große Sorgfalt bei der Ausübung meiner Tätigkeit und den kompetenten und freundlichen Umgang mit Kunden und Kollegen.

Mein letzter Arbeitgeber bestätigte mir in einem Arbeitszeugnis, seine vollste Zufriedenheit.

In meinen Zeugnissen wird mir bestätigt, stets zur vollsten Zufriedenheit gearbeitet zu haben.

Mein ehemaliger Arbeitgeber bescheinigt mir stets überdurchschnittliche Einsatzbereitschaft, Gewissenhaftigkeit und Zuverlässigkeit.

Meine ehemaligen Arbeitgeber bescheinigen mir, stets zur vollen Zufriedenheit und sehr große Sorgfalt bei der Ausübung meiner Tätigkeiten und den besonders freundlichen und kompetenten Umgang mit Kunden und Kollegen.

In meinen Zeugnissen wird mir bescheinigt, stets zur vollsten Zufriedenheit und mit Fleiß und Verantwortungsbewusstsein gearbeitet zu haben.

In meinem Arbeitszeugnis werden mir bestätigt die anfallenden Arbeiten zur vollen Zufriedenheit ausgeführt zu haben sowie auch mein einwandfreies Verhalten gegenüber Vorgesetzten und Kollegen.

5. Abschluss

Über ein Vorstellungsgespräch würde ich mich sehr freuen.

Über das persönliche Gespräch mit Ihnen freue ich mich sehr.

Ich würde mich freuen, mich persönlich bei Ihnen vorstellen zu dürfen.

Über eine Einladung zu einem Vorstellungsgespräch in Ihrem Haus freue ich mich sehr. Vielen Dank für den Vorstellungstermin.

Über ein Vorstellungsgespräch freue ich mich sehr, damit ich Sie überzeugen kann, dass ich für die Arbeit als ... in ihrem Betrieb der Richtige bin.

Aufgrund meiner Ausbildung und beruflichen Erfahrungen fühle ich mich von Ihrem Stellenangebot angesprochen und würde mich deshalb über eine positive Antwort freuen. Bitte geben Sie mir einen Vorstellungstermin.

Über die Gelegenheit zu einem persönlichen Gespräch würde ich mich sehr freuen.

Ich würde mich freuen, mich persönlich bei Ihnen vorstellen zu dürfen.

Ich bin sicher, Sie bei einem persönlichen Gespräch von meiner Eignung überzeugen zu können.

Über die Einzelheiten würde ich gerne persönlich mit Ihnen sprechen. Wann darf ich mich vorstellen?

Ich würde mich freuen, wenn ich Sie bei einer Vorstellung von meinen Fähigkeiten überzeugen könnte.

Ich würde mich freuen, wenn ich in Ihrem Unternehmen bald meine Einsatzbereitschaft beweisen könnte.

Wann darf ich mich vorstellen?

Für eine Einladung zu einem persönlichen Gespräch wäre ich Ihnen sehr dankbar.

Teilen Sie mir bitte mit, wann ich mich bei Ihnen vorstellen darf.

Es würde mich freuen, von Ihnen einen Termin für ein persönliches Gespräch zu erhalten.

Wichtig:

1. **Auf Anzeige** hier beschreiben Sie, nur wo Sie Stelle gesehen haben. Bitte nicht schreiben, ich bewerbe mich, dies tun Sie, sondern Sie haben großes Interesse an der Stelle haben.

2. **Einleitung** beschreiben Sie, woher Sie die Kenntnisse für diese Stelle haben und das Sie genau die Richtige für diese Stelle sind anhand Ihrer beruflichen Vorkenntnisse oder eine Neuorientierung suchen. Keine Romane schreiben, die nichts mit der Stelle zu tun haben, nur konzentriert auf diese Stelle bewerben.

3. **Eigene Beschreibung und Zeugnisse** hier sagen Sie etwas über sich aus und wenn dies in Ihren Arbeitszeugnissen bestätigt wird, schreiben Sie dies dazu.

4. **Schlusssatz** hier beschreiben Sie nur, dass Sie sich über ein Vorstellungsgespräch freuen würden.

5. Vorblatt, Bewerbung, Lebenslauf immer in derselben Schrift, z. B.: Tahoma, Arial, Times Roman usw.

Musterschreiben

Marion Mustermann Mainz, 15. Januar 2007
Müllergasse 8
51213 Mainz
☎ 0 61 31 / 12 34 56

Bohrmann Ingelheim Pharma KG
Personalabteilung – Herr Schauer

55216 Ingelheim am Rhein

Bewerbung als Bürofachkraft

Sehr geehrter Herr Schauer,

in der Rhein-Main-Presse vom 12. Januar 2007 suchen Sie eine Bürofachkraft, die versiert mit der Standardsoftware (Word, Excel) umgehen kann und eine kaufmännische Ausbildung abgeschlossen hat. Hier bin ich.

Nach meiner Ausbildung zur Bürokauffrau war ich mehrere Jahre als Sachbearbeiterin in verschiedenen Abteilungen meines Ausbildungsbetriebes tätig, zuletzt als Organisationsassistentin in der Abteilung Marketing. Ich beherrsche deshalb auch alle im Büro anfallenden Arbeiten gut. Arbeiten am PC übernahm ich besonders gern, weil ich über Erfahrungen im MS-Office Software verfüge. Ich weiß deshalb, dass ich die an das Aufgabengebiet einer Bürofachkraft in Ihrem Unternehmen geknüpften Erwartungen erfüllen werde.

Mein ehemaliger Arbeitgeber bescheinigt mir überdurchschnittliche Einsatzbereitschaft, Gewissenhaftigkeit und Zuverlässigkeit. Das kommt auch im Arbeitszeugnis so zum Ausdruck. Der freundliche Umgang mit Kunden, Vorgesetzten und Kollegen gehört ebenfalls zu meinen starken Seiten, meine stets optimistische Ausstrahlung erleichtert mir die Gesprächsgestaltung am Telefon.

Bitte geben Sie mir einen Vorstellungstermin, damit ich Sie überzeugen kann, dass ich für Sie die Richtige bin.

Mit freundlichem Gruß

Karima Stahl Mainz, 12. Januar 2007
Kelterstr. 1
55129 Mainz
☎ 0 61 318 - 11 22
 01 71 - 61 33 55

Medio Markt
Essen Str. 222

55128 Mainz

Bewerbung als Bürokauffrau

Sehr geehrte Damen und Herren,

da ich mich für eine Tätigkeit interessiere, in die ich mein organisatorisches Talent und meine guten kommunikativen Fähigkeiten einbringen kann, was Sie in Ihrer Stellenausschreibung vom 13. Januar 2007 in der AZ suchen habe ich großes Interesse an dieser Stelle.

Ich habe meine Ausbildung zur Bürokauffrau im Juni 2003 abgeschlossen und wurde im Anschluss bis September 2006 im Ausbildungsbetrieb weiter beschäftigt. Aus wirtschaftlichen Gründen musste dieses Arbeitsverhältnis beendet werden. In dieser Zeit habe ich alle Arbeiten, die zum Bereich einer Bürokauffrau gehören, ausgeführt.

Zu meinen Stärken zähle ich meine Fähigkeit, auch unter Zeitdruck und bei hohem Arbeitsaufkommen konzentriert und zielorientiert zu arbeiten. Eine offene und freundliche Art der Kommunikation ist für mich von besonderer Bedeutung. Mein Arbeitsstil zeichnet sich durch Sorgfalt und Zuverlässigkeit aus.

Gerne spreche ich persönlich mit Ihnen und freue mich, wenn ich Sie bei einem Vorstellungsgespräch von mir und meiner fachlichen Eignung überzeugen kann.

Mit freundlichem Gruß

Udo Braun
Klosterweg. 6
63225 Langen
☎ 0 61 01 – 2 23 11

Langen, 8. Februar 2007

Mustermann Co. KG
Herr Becker
Heinrich-Herz-Str. 97

34123 Kassel

Bewerbung als Auslieferungsfahrer

Sehr geehrter Herr Becker,

ich habe großes Interesse an der Arbeitsstelle, welche von Ihnen in der Frankfurter Zeitung vom 13. Januar 2007 als Auslieferungsfahrer ausgeschrieben wurde.

Meinen Führerschein besitze seit meinem 18. Lebensjahr und bin seit dieser Zeit unfallfrei gefahren. In meiner letzten Tätigkeit als Außendienstler habe ich innerhalb von zwei Jahren über 200.000 KM gefahren. Ich habe sehr gute Ortskenntnisse, da ich Ärzte und Krankenhäuser in diesem Bereich betreut habe.

Sie finden in mir einen zuverlässigen und engagierten Mitarbeiter. Was mir auch in meinen Arbeitszeugnissen bestätigt wird.

Über das Vorstellungsgespräch freue ich mich sehr, um Sie von meinen Leistungen für diese Stelle zu überzeugen.

Mit freundlichen Grüßen

Peggy Grau
Flachsmarktstr. 1 55116 Mainz
E-Mail: peggygrau@arcor.de
Handy: 01 72 / 12 33 66

Innenausbau
Schillerplatz 3-5

55116 Mainz

Mainz, 25. Januar 2007

Bewerbung als Empfangskraft

Sehr geehrter Damen und Herren,

über die private Vermittlungsagentur Sauer habe ich erfahren, dass Sie eine Empfangskraft suchen. Ich interessiere mich sehr für diese Stelle.

Ich habe eine abgeschlossene Berufsausbildung als Kauffrau für Verkehrsservice bei der Lau AG absolviert. Dort eignete ich mir ein sehr gutes kaufmännisches und serviceorientiertes Fachwissen an. Diverse Erfahrungen und Kenntnisse als Bürokauffrau konnte ich mir in meiner ersten Ausbildung aneignen.

Die letzten drei Jahre habe ich erfolgreich als Callcenter Agent gearbeitet, jedoch möchte ich mich gerne beruflich verändern und suche eine neue Herausforderung mit einer interessanten Entwicklungsperspektive, wie in diesem Fall als Empfangskraft.

Da ich sowohl am Telefon als auch im persönlichen Gespräch schnell einen Draht zu anderen Menschen finde und gute Beziehungen aufbauen kann, hoffe ich, dass ich meine Erfahrungen in Ihrem Hause einbringen darf, um mich hierbei sinnvoll und kreativ an neuen Aufgaben zu beteiligen.

Wie in meinen Arbeitszeugnissen bestätigt mir meine vorigen Arbeitgeber, dass Sie fachlich und persönlich von mir überzeugt waren.

Wann darf ich mich persönlich bei Ihnen vorstellen?

Mit freundlichen Grüßen

Ceno Maline
Hauptstr. 131
55124 Mainz
☎ 0 61 31 – 66 11 66

Mainz, 15. Januar 2007

Lancoast Goup Logistik GmbH
Ostring 6

65205 Wiesbaden-Nordenstadt

Bewerbung als Lagerist

Sehr geehrte Damen und Herren,

von einem Bekannten habe ich erfahren, dass bei Ihnen eine Stelle im Lager frei ist, an dieser Stelle habe ich großes Interesse.

Meine Ausbildung als Rohrleger habe ich abgeschlossen, danach habe ich mich neu orientiert. Mehrere Jahre habe ich erfolgreich im Lager und als Staplerfahrer gearbeitet, dadurch bringe ich auch die erforderlichen Kenntnisse für diese Stelle mit.

Sie finden in mir einen außerordentlich engagierten, zuverlässigen, teamfähigen und lernbereiten Mitarbeiter mit sehr guten Staplerkenntnissen. Was mir auch in meinen Arbeitszeugnissen bestätigt wird.

Gerne würde ich Sie in einem Vorstellungsgespräch von meiner Person überzeugen und freue mich über eine entsprechende Einladung.

Mit freundlichen Grüßen

Antje Muster
Keilstr. 15
55278 Undenheim
☎ 0 67 37 / 77 55 77

Undenheim, 5. Januar 2007

Altenpflegehaus Mauer
Frau Kraus
Rheinstr 15

55120 Mainz

Bewerbung als Wohnbereichsleiterin

Sehr geehrte Frau Kraus,

durch Ihre Stellenanzeige in einem Vermittlungsflyer habe ich erfahren, dass eine Stelle für die Wohnbereichsleitung frei ist, an dieser Stelle bin ich sehr interessiert.

Als examinierte Kinderkrankenschwester bringe ich 20 Jahre Berufserfahrungen in den Bereichen Innere, Anästhesiologische und Chirurgische Intensivkrankenpflege sowie in der Dialyse mit. Ab Oktober 2006 nehme ich am Wohnbereichsleitungskurs teil und verfüge damit über die erforderlichen Kenntnisse für diese Stelle.

Sie finden in mir eine außerordentlich verantwortungsbewusste Kollegin, die sehr zielorientiert und zugleich unter Nutzung vorhandener Ressourcen arbeitet, was auch in meinen Zeugnissen bestätigt wird.

Gerne würde ich Sie in einem Vorstellungsgespräch von meiner Person überzeugen und freue mich über eine entsprechende Einladung.

Mit freundlichen Grüßen

Kerstin Bento Undenheim, 20. Januar 2007
Schwambstraße 12
55278 Undenheim
☎ 0 67 37 – 77 55 77
Mobil: 01 66 – 99 88 33 66
E-Mail: kerstinbeto@aol.com

Taubsbad Mainz
Betriebsgesellschaft mbH & Co. KG
Frau Knest
Wallstr. 9
55122 Mainz

Bewerbung als Empfangsangestellte

Sehr geehrte Frau Knest,

ich habe großes Interesse an der Arbeitsstelle, welche von Ihnen in der Allgemeinen Zeitung vom 2. Januar 2007 als Empfangsangestellte ausgeschrieben wurde.

Zu meinen Aufgaben als Sachbearbeiterin der Firma Setor in Wallau gehörte unter anderem der persönliche Kundenempfang, die Kundenbetreuung und – Information per Telefon, das Erfassen und Überwachen der Kundendaten, die Akquisition sowie der tägliche Posteingang, deshalb bringe ich die erforderlich Kenntnisse für diese Stelle mit.

Teamfähigkeit und eine rasche Auffassungsgabe zeichnen mich ebenso aus, wie Aufgeschlossenheit und Flexibilität. In meine Arbeit bringe ich stets meine berufliche Erfahrung und mein Engagement mit ein, was auch in meinen Arbeitszeugnissen bestätigt wird.

Über eine Einladung zu einem persönlichen Gespräch freue ich mich sehr.

Mit freundlichen Grüßen

Lebenslauf

Schreiben Sie Ihre Daten in eine Tabelle ein und nehmen dann die Umrandung unter Format: Rahmen und Schattierungen weg, dadurch werden Ihre Daten ganz exakt und besser als, wenn Sie die Abstände mit dem Tabulartor machen. Wichtig richtige Aufteilung!

1. **Die Adressdaten:** Sollten immer Ihre Adresse und Telefonnummer enthalten und auch auf dem Anschreiben und Vorblatt genauso mit gleichem Schriftbild enthalten sein.

2. **Persönliche Daten:** Geburtsdatum mit Geburtsort, Familienstand und Staatsangehörigkeit mit vergessen.

3. **Schulbildung:** Wenn Sie einen Schulabschluss haben dann, mit
Abschluss oder
Abschluss: Mittlere Reife
Abschluss: Abitur
Dies ist wichtig kein Unternehmer schaut Ihre Unterlagen bis zum Schluss durch und wenn Sie den Abschluss vergessen, bedeutet dies meist, dass Sie keinen haben und Sie werden bei der Vorauswahl aussortiert.

4. **Berufliche Ausbildung:** Hier ist es wichtig, ob Sie einen Abschluss haben, wie bei Schulbildung ungedient dazu schreiben, mit Abschluss, auch wenn Sie Ihren Gesellenbrief in Kopie beifügen, hier gilt wie bei dem Schulabschluss, dass der Unternehmer nicht alle Unterlagen bei der Vorauswahl durchsieht und deshalb werden viele meist in der Vorauswahl aussortiert. Wenn Sie keinen Abschluss haben, dann nicht schreiben „ohne Abschluss" sondern einfach den Abschluss weglassen.

5. **„Berufliche Tätigkeiten" oder „Beruflicher Werdegang"** Können Sie nur schreiben, wenn Sie eine abgeschlossene Ausbildung haben, sonst sind es „Tätigkeiten". Das Datum nach Tagen oder Monaten sollten Sie nur schreiben, wenn nicht mehr als 2-mal arbeitsuchend dazwischen steht, sonst nach Jahren, aber immer entweder nach Jahren oder nach Monaten nicht mischen.

6. **Weiterbildung:** Hier können Sie Ihre Weiterbildungsmaßnahmen oder Qualifizierungen aufführen, evtl. zusammenfassen, wenn Sie zu viele haben, aber immer in was Sie sich weiterbebildet haben und wo.

7. **Sonstiges:** Hier beschreiben Sie ob Sie einen Führerschein haben, EDV-Kenntnisse, Sprachen und sonstige besondere Kenntnisse.

8. **Datum und Unterschrift:** Ort und Datum geben Sie es im Computer so ein, dass Sie immer das richtige Datum haben mit „automatisch aktualisierten", auch auf dem Anschreiben muss dasselbe Datum sein. Unter dem Datum im Lebenslauf unterschreiben Sie.

Zusammenfassung: Suchen Sie eine ansprechende Bewerbermappe aus diese enthält: Anschreiben, Vorblatt, Lebenslauf, evtl. „ich über mich" Zeugnisse. Schreiben Sie für Deutschland nicht die amerikanische Form, das Letzte zuerst im Lebenslauf nur für andere europäische Länder.

Lebenslauf-Muster

Arnold Mustermann
Schulstr. 11
55116 Mainz
☎ (0 61 31) 55 66 77

	L e b e n s l a u f

Persönliche Daten:	geboren am 11. November 1971 in Mainz ledig deutsche Staatsangehörigkeit	
Schulbildung:	1985 – 1995	Grund- und Hauptschule, Nackenheim, mit Abschluss
Berufliche Ausbildung:	1995 – 1997	Ausbildung zum Bäcker, Landbäckerei Mayer, Lörzweiler, mit Abschluss
Berufliche Tätigkeiten:	1997 – 1999 2000 – 2006 2007	Bäcker, Dorfbackhaus Mann, Wöllstein Bäcker, Großbrezelbäckerei, Mannheim arbeitsuchend
Weiterbildung:	2005	Qualifizierungsmaßnahme, Lager/Logistik, Donner + Blitz, Mainz
Sonstiges: Mainz, 13. Februar 2007		Führerschein Klasse B Staplerschein EDV: MS-Office

Lebenslauf ohne Linien

Arnold Mustermann
Schulstr. 11
55116 Mainz
☎ (0 61 31) 55 66 77

L e b e n s l a u f

Persönliche Daten: geboren am 11. November 1971 in Mainz

ledig

deutsche Staatsangehörigkeit

Schulbildung: 1985 – 1995   Grund- und Hauptschule, Nackenheim, mit Abschluss

Berufliche Ausbildung: 1995 – 1997   Ausbildung zum Bäcker, Landbäckerei Mayer, Lörzweiler, mit Abschluss

Berufliche Tätigkeiten: 1997 – 1999   Bäcker, Dorfbackhaus Mann, Wöllstein

2000 – 2006   Bäcker, Großbrezelbäckerei, Mannheim

2007   arbeitsuchend

Weiterbildung: 2005   Qualifizierungsmaßnahme, Lager/Logistik, Donner + Blitz, Mainz

Sonstiges: Führerschein Klasse B
Staplerschein
EDV: MS-Office

Mainz, 13. Februar 2007

Arno Maus
Frankfurter Str. 11
55252 Mainz-Kastel
☎ (01 61) 11 22 33 44

Lebenslauf

Persönliche Daten: geboren am 4. Februar 1970 in Nador
verheiratet, 3 Kinder
marokkanische Staatsangehörigkeit

Schulbildung: 1980 – 1989 Grund- und Hauptschule, Wiesbaden, mit Abschluss

Berufliche Ausbildung: 1989 – 1990 Ausbildung zum Kfz-Lackierer, Peug Talget, Wiesbaden

Tätigkeiten: 1990 – 1997 Küchenhelfer/Küchenleiter/Supervisor, Fried-Chicken, Wiesbaden

1998 – 2000 Kurierfahrer, TIT, Rüsselsheim

2000 – 2006 Sicherheitsfachmann/Betriebssanitäter, Bach-Wachdienst, Wiesbaden

2007 arbeitsuchend

Weiterbildung: 2000 Qualifizierungsmaßnahme, Sicherheitsdienst, Dal + Blitz GmbH, Wiesbaden
Sicherheitsausbildung nach § 34a
Betriebssanitäter

Sonstiges: Führerschein Klasse 3

Mainz-Kastel, 22. Januar 2007

Elke Barmuster
Lukstr. 11
60433 Frankfurt
📱 (01 77) 6 77 33 55

Lebenslauf

Persönliche Daten:	geboren am 1. April 1961 in Erbach verheiratet deutsche Staatsangehörigkeit	
Schulbildung:	1970 – 1980	Grund- und Hauptschule, Erbach, mit Abschluss
Berufliche Ausbildung:	1980 – 1982	Ausbildung zur Verkäuferin, Tengel, Wiesbaden, mit Abschluss
	1982 – 1983	Ausbildung zur Einzelhandelskauffrau, Tengel, Wiesbaden, mit Abschluss
Berufliche Tätigkeiten:	1984 – 1988	Einzelhandelskauffrau, Filialleitervertretung, Tengel, Wiesbaden
	1988 – 1989	Familienphase
	1994 - 2000	Verkäuferin, HG-Markt, Erbach
	2000 – 2002	Service – Tätigkeit, allgemeine Hotelaufgaben, Hotel Tillhof, Erbach
	2003 – 2006	Geschäftsführerin – Koordinator, IshausGeschenkartikel, Mainz
	2007	arbeitsuchend
Sonstiges:		Führerschein Klasse 3

Frankfurt, 20. Januar 2007

Ali Baumeister
Laustr. 15
60433 Frankfurt
☎ (0177) 6 77 33 55

Persönliche Daten:	geboren am 10. September 1973 in Varto	
	verheiratet	
	deutsche Staatsangehörigkeit	
Schulbildung:	1984 - 1989	Grund- und Hauptschule, Mainz mit Abschluss
Berufliche Ausbildung:	1989 - 1993	Ausbildung zum Kfz-Mechaniker, Oppis, Frankfurt, mit Abschluss
Berufliche Tätigkeiten:	1993 - 1994	Sicherheitsmitarbeiter, Firma Protec, Königstein
	1994 - 1995	Flugzeugabfertiger, Firma FAS, Frankfurt
	1995 - 1998	Objektleiter, Firma Liak, Frankfurt
	2000 - 2001	Sicherheitsmitarbeiter, Firma IHH, Frankfurt
	2002 - 2003	Sicherheitsmitarbeiter, Firma Eufer GmbH, Frankfurt (Bewaffneter Objektschutz als Werkschutzfachkraft, Deutsche Bundesbank)
	2003 - 2004	Vorarbeiter, Firma FRAG GmbH Gebäudereinigung, Frankfurt
	2004 - 2005	Selbstständig Baumeister Reinigungsservice, Frankfurt
	2006	arbeitssuchend
Weiterbildung:	1999	Aufbaulehrgang Sanitätsdienst Johanniter, Frankfurt
	1999 - 2000	Umschulung zur geprüften Werkschutzfachkraft, IHK, Frankfurt, mit Abschluss
Sonstiges:		Führerschein Klasse 3 EDV: MS-Office

Frankfurt, 3. Januar 2007

Hans-Dieter Krausmuster
Alfred-Delp-Str. 12
55122 Mainz
☎ (0 61 31) 44 66 88

Lebenslauf

Persönliche Daten:	geboren am 22. Januar 1957 in Wörrstadt ledig deutsche Staatsangehörigkeit	
Schulbildung:	1964 – 1972	Grund- und Hauptschule, Mainz, mit Abschluss
	1975 – 1977	Berufsaufbauschule Wirtschaft, Mainz, Abschluss: Mittlere Reife
	1979 – 1981	Fachoberschule Wirtschaft, Mainz, Abschluss: Fachabitur
	1981 – 1982	Kettler Kolleg, Mainz
	1984 – 1985	Fachoberschule Betriebswirtschaft, Mainz
Berufliche Ausbildung:	1972 – 1974	Ausbildung zum Verkäufer, Latscha GmbH, Mainz, mit Abschluss
Berufliche Tätigkeiten:	1974 – 1975	Verkäufer, Latscha GmbH, Mainz
	1977 – 1978	Grundwehrdienst
	1978 – 1979	Kellereifacharbeiter, Deutsches Weintor, Landau
	1985 – 1988	Verkäufer Elektro, Mast, Mainz
	1988 – 1989	Gartenbauhelfer, Miser, Mainz
	1989 – 1995	Verkauf/Warengruppenleiter, Prakt Baumarkt, Mainz
	1995 – 1998	Verkauf/Warengruppenleiter, Stin AG, Mainz
	1998 – 2000	Fachverkäufer, Baumarkt, Mainz
	2001 – 2002	Lagerist, DIE AG, Mainz
	2002 – 2005	Lagerist, ELO, Eppstein
	2006	arbeitsuchend
Weiterbildung:	2005	Qualifizierungsmaßnahme Sicherheit, Donner + Blitz, Mainz
Sonstiges:		Führerschein Klasse 1 + 3 Staplerschein EDV: MS-Office

Mainz, 4. Januar 2007

Lebenslauf

Name:	Peggy Grau
Anschrift:	Flachsmarktstr. 16
	55116 Mainz
☎	(0179) 44 33 66

Geburtsdatum:	12. Januar 1976
Geburtsort:	Rüsselsheim
Familienstand:	ledig
Staatsangehörigkeit:	deutsch

Schulbildung: 1982 - 1994 Grundschule und Integrierte Gesamtschule, Mainz, mit Abschluss (Mittlere Reife), Höhere Handelsschule, Rüsselsheim, mit Abschluss

Berufliche Ausbildung:
- 1994 - 1996 Ausbildung zur Bürokauffrau, Kraus AG & Co., Mainz- Laubenheim
- 1998 - 2000 Ausbildung zur Kauffrau für Verkehrsservice, Bahn AG (Abt. Reise & Touristik), Mainz, mit Abschluss

Berufstätigkeit:
- 1992 - 1993 Verkäuferin, Dachmann, Mainz
- 1994 -1 997 Inhaberin eines Lebensmittelgeschäftes, Ingelheim
- 1997 - 1998 Kurierdienstmitarbeiterin, Chron, Mainz
- 2000 Kauffrau für Verkehrsservice, Deutsche Bach AG, Mainz
- 2001 Weiterbildung EDV, Donner + Blitz, Mainz
- 2002 Kaufmännische Angestellte, Werbeagentur Mediar, Dortmund
- 2002 - 2004 Call Center Agent, Avato Direct Services/ Bertels, Dortmund
- 2005 Call Center Agent, G.K.A. Frankfurt, Mainz

Weiterbildung: Qualifizierungsmaßnahme Marketing/Verkauf, Donner +Blitz GmbH, Mainz

Kenntnisse und Fertigkeiten:

Computer:	MS Office, Internet, Kurs 90, PC Kaufmann Proffessional 2000, Vodafone Intranet, Kias 2000, Digi 2000
Schreibfertigkeit:	schnelles und sicheres 10-Finger-System
Sprachen:	Englisch verhandlungssicher
Führerschein:	Klasse B

Mainz, 10. Januar 2007

Herbert Hahn
Birktalstr. 12
55218 Ingelheim
✆ (01 77) 6 44 99 77

Lebenslauf

Persönliche Daten:	geboren am 26. Juni 1955 in Münster-Sarmsheim geschieden deutsche Staatsangehörigkeit	
Schulbildung:	1961 – 1970	Grund- und Hauptschule, Münster-Sarmsheim, mit Abschluss
Berufliche Ausbildung:	1970 – 1973	Ausbildung zum Heizungsmonteur, Mörsbach, Münster-Sarmsheim
Tätigkeiten:	1974 – 1975	Bundeswehr
	1976 – 1980	Kellereiarbeiter, Weingut Meister, Münster-Sarmsheim
	1981 – 1988	Lagerist und LKW-Fahrer, Star Reifenhandel, Ingelheim
	1988 – 1993	Staplerfahrer, Haker, Mainz
	1993 – 1995	Lagerist, Baby Wal, Ingelheim
	1996 – 1998	Versand und Tierhaltung, Bohr, Ingelheim
	1999 – 2000	arbeitsuchend
	2001 – 2002	Sicherheitsmitarbeiter, Kötler, Ingelheim
	2003 – 2006	Kurierfahrer, Mörer, Ingelheim
	2006	Sicherheitsmitarbeiter, GMK, Schwabenheim
Sonstiges:		Führerschein Klasse 2 Staplerschein Hundeführerschein IHK-Ausbildung § 34a

Ingelheim, 5. Januar 2007

Simon Muster
Rheinstr. 8
55118 Mainz
☏ (06131) 66 55 44 11

Lebenslauf

Persönliche Daten: geboren am 15. April 1971 in Mainz
ledig
deutsche Staatsangehörigkeit

Schulbildung:
- 1978 – 1989 Grund- und Realschule, Nierstein, mit Abschluss
- 1989 – 1992 Gustav-Stresemann-Wirtschaftsschulen Mainz, Abschluss der allgemeinen Fachhochschulreife

Wehrdienst: 07/92 – 09/93 Wehrdienst in Lorch, Flugabwehrregiment 5

Ausbildung: 1993 – 1996 Ausbildung als Gärtner im Garten- und Landschaftsbau, Ringel OHG, Mainz, mit Abschluss als Landessieger Rheinland-Pfalz

Berufliche Entwicklung:
- 11/96 – 12/99 Landschaftsgärtner bei Garten- & Landschaftsbau Bähr & Wald GmbH, Mainz
  - Vorarbeiter
  - Spezialgebiete: Trockenmauern und Feuchtbiotope
- 01/00 – 12/06 Landschaftsgärtner bei Schlau OHG, Mainz
  - Kolonnenführer
  - Erstellen von Angeboten und Ausführungsplänen

Weiterbildung: 01/2007 Trainingsmaßnahme EDV und Bewerbermarketing im Bildungszentrum Dal + Partner GmbH, Mainz

Sonstiges: gute Englischkenntnisse in Wort und Schrift,
gute Computerkenntnisse, MS-Office

Mainz, 11. Januar 2007

Antje Muster
Keilstr. 10
55278 Undenheim
☏ 0 67 37 / 77 55 77

Lebenslauf

Persönliche Daten: geboren am 12. Oktober 1966 in Halle
verheiratet, keine Kinder
deutsche Staatsangehörigkeit

Schulbildung: 09/1973 – 08/1983 Polytechnische Oberschule „Fidel Castro", Halle, mit Abschluss: Mittlere Reife

Berufliche Ausbildung: 09/1983 – 08/1986 Fachschulausbildung Kinderkrankenpflege Medizinische Fachschule der Medizinischen Akademie Halle, mit Abschluss: Examen Kinderkrankenschwester

Berufliche Tätigkeiten:
09/1986 – 08/1994 Kinderkrankenschwester, Kinderintensivstationen, verschiedene Kinderkliniken in Halle und Frankfurt
09/1994 – 08/1996 Krankenschwester, Medizinische Personal Leasing GmbH „Medi" und Gymnasium am Hessenkolleg, Darmstadt
09/1996 – 03/1998 Krankenschwester, Kardiologie und HNO-Intensivstation, Universität, Frankfurt
04/1999 – 04/2000 Krankenschwester, Interdisziplinäre Intensivstation, Unfallklinik Frankfurt
11/2000 – 09/2003 Krankenschwester, Kuratorium für Dialyse und Nierentransplantationen, Eschborn
07/2004 – 02/2005 Krankenschwester, Dialysezentrum und Praxis für Innere Medizin, Mannheim
05/2005 – 09/2005 Kinderkrankenschwester, Innere Intensivstation (Kardiologie, Neurologie und Gastroenterologie), Klinikum Mannheim
10/2005 – 01/2006 Kinderkrankenschwester, Anästhesiologische Intensivstation, Katholisches Klinikum Mainz
02/2006 – 06/2006 Krankenschwester, Herz- Thorax- und Gefäßchirurgie Intensivstation, Universität, Mainz

Sonstiges: Englische gut in Wort und Schrift
Russisch Grundkenntnisse
EDV: MS-Office gute Kenntnisse
Führerschein Klasse III (BE, C1, C1E)

Undenheim, 5. Januar 2007

Carl Muster
Kesselweg 6
55126 Mainz
☎ 0 61 31 / 99 11 66

Lebenslauf

Persönliche Daten: geboren am 11. August 1956 in Awkuzu
verheiratet, drei Kinder
deutsche Staatsangehörigkeit

Schulbildung: 1961 - 1967   Primary School in Nigeria
1970 - 1975   Secondary School in Nigeria
1979 - 1981   Philipp-Holz-Schule, Frankfurt
Abschluss: Fachabitur

Studium: 1981 - 1990   Studium der Architektur,
Fachhochschule Frankfurt,
Abschluss: Diplom-Ingenieur

Aufbaustudium: 1997 - 1998   Umweltschutz im Bauwesen,
Fachhochschule Mainz,
mit Abschluss

1998 - 2001   Wirtschaftsingenieurwesen,
Fachhochschule Mainz,
Abschluss: Diplom-Wirtschafts-Ingenieur

Weiterbildung: 1990 - 1991   CAD im Bauwesen,
GEW Offenbach

1998 - 1999   CAD - Support Engineering
ICT - Mainz

Berufspraxis:	08/1976 - 06/1978	Bankangestellter, African Continental Bank, Nigeria
	07/1978 - 08/1979	Praktikant, Ingenieurbüro Balz, Mainz
	10/1989 - 11/1991	Architekt, Architekturbüro R. Haus, Frankfurt/M.
	11/1991 - 03/1992	Architekt, Architekturbüro WPT Mark, Frankfurt/M.
	04/1992 - 09/1992	Freier Mitarbeiter, Ingenieurbüro Balz, Mainz
	10/1992 - 02/1993	Architekt, Harald Maus Ingenieurbüro, Kelkheim/Ts.,
	03/1993 - 07/1994	Architekt, Ingenieurbüro G. E. Beck GmbH, Königstein/Ts
	08/1994 - 12/1994	Architekt, Architekturbüro Susanne Kech, Berlin
	03/1995 - 09/1995	Facility Manager / Architekt, US-Rhein-Main-Airbase, Frankfurt/M.
	10/1995 – 12/1997	Architekt, Ero und Bell Consulting, Nigeria
	05/2001 – 12/2001	Mitarbeiter Property-Management, DB Imm, Mainz
	07/2002 – 10/2006	Projektleiter bei Station Service, Bau AG, Frankfurt
CAD - Systeme:		AUTOCAD / MicroStation RIBCON / Zeicon
Sonstiges:	seit 07/1993	Mitglied der Architektenkammer Rheinland - Pfalz Englisch fließend in Wort und Schrift Führerschein Klasse 3

Mainz, 13. Februar 2007

Tätigkeitsbeschreibung: Projektleiter im Praktikum:

SET – Zentrale Station + Service, Frankfurt/M. Sonderprojekt „*Mittelabflussprojekt*" Projektleitung: Herr Schneid / Herr Salom	Assistenz beim Projekt-Controlling • Dateneingabe und -korrektur • Datenanalyse
SET - Regional Bereich Mitte, Frankfurt/M. Leitung: Herr Manfred Bäcker	Anpassen der Projektordner an die Vorgaben gem DB – Projekthandbuch • Rödelheim Service Store • Nordmanisch Bahn • Rodgau Bahn
Management Hauptbahnhof Frankfurt/M. Projektmanager: Herr Rau	Unterstützung des Projektleiters beim Umbau 3-S-Zentrale Hauptbahnhof und Erweiterung der 3-S Zentrale Technik-Räume ▪ Projektausschreibung ▪ Bedarfsanalyse ▪ Erstellen des Bauantrags bei EBA ▪ Erstellung der Ausschreibungsunterlagen gem. EBA ▪ Sichten und Auswerten von Angebote und Planungsunterlagen ▪ Teilnahme an Vorverhandlungen mit Lieferanten und Ingenieurbüros Umbau der Bahnsteigbüros für Service-Chefs und der Personaltoiletten • Bestandaufnahme der Bausubstanz • Anfertigen von antragsreifen Planungsunterlagen Maßstab: 1:50 und Maßstab 1:20. • Erstellen eines vorläufigen Kostenvoranschlags für die Projektbudgetierung

Dr. rer. Nat. Hella Muster
Alte Gasse 2
55130 Mainz
☎ (0 61 31) 55 66 77
💻 hellamuster@freenet.de

Lebenslauf

Persönliche Daten:

	geboren am 6. November 1967 in Frankfurt
	verheiratet, 2 Kinder
	deutsche Staatsangehörigkeit

Schulbildung:

1974 - 1987	Grundschule in Kelkheim und Bad Soden
	Gymnasium in Frankfurt
	Abschluss: Abitur, Note: 1,7

Hochschulstudium:

10/1987 – 07/1993	Studium der Chemie
	Georg – August – Universität, Göttingen
	Abschluss: Diplom-Chemikerin, Note: sehr gut
	Studienschwerpunkte: Biochemie und organische Chemie
	Diplomarbeit: Analyse von Strukturanomalien des menschlichen Chromosoms 20 mittels der Fluoreszenz in situ Hybridisierung'
	Institut für Biochemie, Göttingen
	Prof. I. Hannemann
08/1993 – 01/1997	Promotionsstudium
	Georg –August – Universität, Göttingen
	Abschluss: Dr. rer. nat.
	Note: gut (Dissertation)
	Note: sehr gut (Prüfung)
	Stipendium des Graduiertenkollegs, Molekularchemische Analyse pathophysiologischer Prozesse der Universität Göttingen, Abt. Prof. I. Hannemann
	Thema der Arbeit: Physiologische Kartierung der für benigne neonatale Epilepsie relevanten Chromosomenregion 20q13

Berufliche Entwicklung:

02/1997 – 02/2006	Wissenschaftliche Mitarbeiterin
	Institut für Biochemie, Abt. Prof. med. W. Ehrmann
	Forschungsprojekt: Charakterisierung und Expression von Dyneingenen

Praktische Qualifizierungen und Erfahrungen im Rahmen des Studiums:

1988 – 1991	Hau AG, Forschung Biochemie 6 – wöchiges Volontärpraktikum
	Deutsches Primatenzentrum GmbH 4 – wöchiges Praktikum Lagerhaltung und Primatenernährung'
1993 - 1995	Leitung des Fluoreszenz in situ-Praktikums im Rahmen des jährlichen humangenetisch-immunogenetischen Studentenpraktikums
1994	Strahlenschutzkurs zur Erlangung der Fachkunde für Strahlenschutz
1994 - 1996	Leitung des Graduiertenkollegs mit Planung, Organisation und Teilnahme an Praktika und wissenschaftlichen Treffen mit graduierten Kollegs anderer Universitäten

Teilnahme und Beiträge zu Tagungen:

1993	Tagung des VAAM in Düsseldorf
1993 - 1997	Jahrestagung der Gesellschaft für Biochemie in Würzburg, Düsseldorf, Göttingen, Berlin und Innsbruck
	Human Genome Mapping Workshop
	American Society of Human Genetics

Sonstige Kenntnisse:

Sprachen	Großes Latinum, konversationssicheres Englisch
EDV	Textverarbeitung Word sichere Anwenderkenntnisse. Artline Designer, Internet
Führerschein	Klasse 3

Mainz, 13. Februar 2007

Unterschrift

Muster: Vorblatt-Anschreiben-Lebenslauf

Bewerbung als Kommissionierer

bei DEX AG in Mainz

Bild einfügen

Maik Born
In den Neun Morgen 20
55127 Mainz
☎ 0 61 31 / 33 55 77

Bewerbung

Maik Born   20. Januar 2007
In den Neun Morgen 20
55127 Mainz
☎ 06131 / 33 55 77

Dex AG
Herr Lach
Peter-Sander-Str. 2

55252 Mainz-Kastel

Bewerbung um einen Arbeitsplatz als Kommissionierer

Sehr geehrter Herr Lach,

mit großem Interesse habe ich von Jobcom- Mainz Frau Pfannstiel erfahren, dass Sie noch einen Arbeitsplatz zu vergeben haben.

Gerne möchte ich in einem Unternehmen wie Ihrem als Kommissionierer tätig sein. Ich habe bei GL Kraus in Mainz schon Kenntnisse im Lager erworben. Da ich gerne mit Menschen zu tun habe und mit anpacken kann bin ich mir sicher, dass der Beruf des Kommissionierers genau die richtige Wahl ist.

Sie finden in mir einen zuverlässigen, flexiblen und engagierten Mitarbeiten. Was mir auch in meinem Arbeitszeugnis bestätigt wird.

Gerne überzeuge ich Sie in einer Probearbeit von meinen Fähigkeiten und meiner Motivation und freue mich auf die Arbeit.

Mit freundlichen Grüßen

Maik Born
In den Neun Morgen 20
55127 Mainz
☎ 0 61 31 / 33 55 77

Lebenslauf

Persönliche Daten: geboren am 24. April 1976 in Mainz
geschieden, 1 Kind
deutsche Staatsangehörigkeit

Schule:
08/ 1982 – 07/ 1986	Grundschule in Marienborn
08/ 1986 – 07/ 1992	Integrierte Gesamtschule Mainz, mit Abschluss
08/ 1992 – 07/ 2000	Mainzer Steinhöfelschule, Abschluss Sekundarstufe 2

Ausbildung:
08/ 1994 – 07/ 1997	Ausbildung zum Elektro-Installateur, Secker, Mainz, mit Abschluss
08/ 1997 – 07/ 2000	Halbtagstätigkeit im Steuerbüro Wollmer, Mainz
08/2000 – 02/ 2001	Ausbildung zum Steuerfachangestellten im Steuerbüro Woll, Mainz

Tätigkeiten:
02/ 2001 – 08/ 2001	Angestellter, Steuerbüro Woll, Mainz
09/ 2001 – 12/ 2002	Lagerist, Zeitarbeit Wilhelm, Einsatz GL Kraus, Mainz
01/ 2003 – 12/ 2006	Fahrdienst, Arbeiter Samariter Bund, Mainz

Sonstiges:
- Englisch Schulkenntnisse
- EDV MS-Office
- Führerschein Klasse 1 + 3

Mainz, 20. Januar 2007

Die telefonische Bewerbung

Schritte:

- Vorbereitung
- Richtiger Gesprächspartner
- Name des Gesprächspartners merken

Ziele:

- Vorstellungsgespräch
- Bewerbungsunterlagen zusenden

Telefonische Bewerbung Vorbereitung

Die telefonische Bewerbung stellt eine Unterart der Initiativbewerbung dar. Wenn sie erfolgreich war, erfolgt anschließend die Versendung der schriftlichen Bewerbung mit Anschreiben (Bezug auf das Telefongespräch) und Bewerbermappe **oder persönliche Vorstellung.**

Vorbereitung

- Schreibpapier und Stifte zurechtlegen.

- Name der Firma, des Ansprechpartners (falls bereits vorhanden) und Telefonnummer gut sichtbar notieren.

- Alle Fragen aufschreiben, darunter Platz für eigene Notizen lassen.

- Mögliche Fragen des Ansprechpartners und eigene Antworten notieren.

- Ersten eigenen Satz wörtlich aufschreiben.

- Bewerbungsmappe zurechtlegen (LL und PP durchlesen).

- Bequem und entspannt Platz nehmen.

- **Störungen ausschließen.**

Während des Gesprächs

- Tief und ruhig atmen, mit normaler Lautstärke und Geschwindigkeit deutlich sprechen.

- Ggf. zum gewünschten Ansprechpartner durchfragen (Name und Grund des Anrufs angeben).

- ➢ Freundliche Begrüßung, eigenen Namen und Anliegen nennen.

- ➢ Gut zuhören.

- ➢ Nachfragen (Feedback)

- ➢ Vereinbarung treffen (z. B. Bewerbung zusenden, erneutes Telefonat) und notieren.

- ➢ Nach der genauen Anschrift, Abteilung, evtl. Titel etc. Fragen

- ➢ Freundlich verabschieden.

Das Telefonmarketing

Die telefonische Bewerbung stellt eine besondere Form des Marketings dar.

Ich verkaufe mich und mein Können, meine Persönlichkeit am Telefon.

Die telefonische Bewerbung hat ihre **eigene Struktur**, hat Vor- und Nachteile gegenüber dem direkten Gespräch.

- ➢ Zeitlicher Rahmen
- ➢ Ort
- ➢ Gesprächsebene
- ➢ Fehlen der Köpersprache.

Wir unterscheiden 5 Stufen der Gesprächsführung, die wir auch als Gliederung des Gespräches bezeichnen.

- Begrüßung
- Aufhänger
- Angebot
- Vereinbarung
- Verabschiedung

Die Checkliste gibt stichwortartig Ihr Bewerberprofil wieder und beinhaltet Ihre Kompetenzen.

- fachlich
- persönlich
- sozial

Schreiben Sie auf, warum Sie anders als andere sind, und beschäftigen Sie sich vorher mit möglichen Gegenargumenten.

- Argumentation aufbauen
- Einwände behandeln

Schaffen Sie die formale Voraussetzung für ein erfolgreiches Gespräch.

- Checkliste
- Block, Kugelschreiber, Telefonnummer, Namen
- Unterlagen zum Angebot des Betriebes
- Meine Bewerberunterlagen

Training für Telefonmarketing

Trainieren Sie Ihre Stimme und Ihre Sprache als Instrumente der Mitteilung, in der Familie, mit Freunden.

- den **Klang** (zittrig, spröde, weich, hart, unangenehm, sicher)

- die **Modulation** (monoton, variabel)

- die **Lautstärke** (zu leise, zu laut, angemessen)

- die **Artikulation** (schlecht, gut)

- den **Redefluss** (Sprache: Jargon, Dialekt, gepflegt)

- **das Sprechen in ganzen Sätzen**

Und das gehört ebenfalls zu gutem Bewerbermarketing

- Die **sinnvolle Wiederholung** der Namen der Gesprächspartner

- **Freundlichkeit** am Telefon

- Den **Umfang und Inhalt** der Sätze der Fragen anpassen.

- Den „**Ballwechsel**" durch eigene Fragen garantieren, z. B.
  Ja – aber, natürlich – allerdings

- **Nachteil-Vorteil-Methode** geschickt einflechten, z. B.
  „Zugegeben, Sie kennen mich nicht, aber aus meinen Unterlagen wird deutlich, dass ich für die Stelle gut (sehr gut) geeignet bin, denn ..."

Wenn Sie diese Hinweise für das Telefonmarketing umsetzen, Sprache und Stimme trainieren, dann sind Sie anders als andere und damit auch für den Arbeitgeber interessanter.

Wie bereiten Sie Ihre Telefon-Akquisition vor?

Sprechen Sie Ihren Vortrag auf Kassettenrekorder und beurteilen Sie sich selbst:

> Sprechen Sie langsam und deutlich?
> Sprechen Sie laut genug?
> Sprechen Sie flüssig?
> Versprechen Sie sich häufig?
> Wirkt Ihr Vortrag wie abgelesen?

- **Üben Sie ebenso den Ein- und Ausstieg des Gesprächs.**

- Bitten Sie jemanden, die Rolle des Personalchefs zu übernehmen und führen mit ihm ein Mustergespräch.

- Der Platz zum Telefonieren sollte frei von Störungen sein.

- Bevor Sie zum Telefon greifen, schauen Sie in den Spiegel und lächeln Sie. Ihre positive Einstellung überträgt sich auf Ihren Gesprächspartner.

- Führen Sie die ersten „echten" Gespräche mit Firmen die für Sie nicht in die engere Wahl kommen. Sie gehen die Sache viel lockerer an, und es ist nicht so schlimm, wenn sich noch der ein oder andere Fehler einschleicht.

- Analysieren Sie die ersten Telefonate. Überlegen Sie, was noch verbessert oder geändert werden muss.

- Nun fühlen sie sich sicher und beginnen damit, Ihre Wunschfirmen zu akquirieren.

- Aber bedenken Sie: Auch bei idealer Voraussetzung hat nicht jede Firma einen Arbeitsplatz zu vergeben.

- **Verlieren Sie also nicht den Mut.**

Bewerbung am Telefon

Zentrale: Firma, Name

Bewerber: Guten Tag. Mein Name ist ..., ich möchte mit Herrn/Frau ... sprechen

Zentrale: Um was geht es?

Bewerber: Sie suchen doch eine/einen ...? Ich möchte mich bewerben!

Zentrale: Ich verbinde ...

Personalleiter: Name!

Bewerber: Guten Tag. Mein Name ist ..., Sie suchen doch eine/einen ...?

Ist die Stelle noch frei?

Personalleiter: Ja!

Bewerber: Ja? Dann darf ich mich kurz vorstellen: Ich bin von Beruf ..., habe xx Jahre Berufserfahrung, wohne in ... usw.!

Personalleiter: Wo haben Sie zuletzt gearbeitet?

Bewerber: Antwortet

Personalleiter: Stellt weitere Fragen.

Bewerber: Antwortet

Personalleiter: Stellt weitere Fragen usw.!

Fehler beim Telefonieren

Fehler auf der sprachlichen Ebene

- **Undeutliche Aussprache:** Nuscheln, kriegt die Zähne nicht auseinander.

- **Zu lautes Sprechen** ist eine Unart schockiert das Trommelfell des Partners.

- **Verschlucken von End- oder Anfangssilben** macht Sprache undeutlich, strengt den Partner an.

- **Nervöses Sprechen und Hastigkeit** erweckt den Eindruck der Zeitknappheit und Ungenauigkeit, vielleicht sogar den Eindruck mangelnder Bereitschaft, sich des Problems anzunehmen.

- **Monotones Sprechen** ermüdet schläfert ein, erweckt den Eindruck, man sei nicht interessiert, auch nicht hilfsbereit.

- **Nummern und Zahlen** werden zu schnell oder nicht gegliedert angegeben. Wiederholung wird nicht abgewartet. Ursache für die meisten Übertragungsfehler.

- **Zu lange Sätze** wirken schwerfällig, komplizieren.

- **Dreinsprechen / Übersprechen.** Keiner versteht den anderen. Informationen gehen verloren.

- **Überfreundliche „süße" Art** im Sprechen kann unaufrichtig und hinterhältig wirken.

- **Starke Mundart** gegenüber hochdeutsch sprechenden oder Ausländern.

- **Husten, Niesen, Schnäuzen, explosives Lachen** in den Hörer: Schock für das Trommelfell des Partners.

- **Essen, Trinken, Rauchen, Kauen** während des Sprechens macht unverständlich, kann unhöflich wirken.

Vorstellungsgespräch

Bereiten Sie sich auf das Vorstellungsgespräch vor, evtl. über Sie mit Freunden. In vielen großen Firmen müssen Sie einen Einstellungstest machen, Untersuchung beim Werksarzt und evtl. einen Drogentest.

Versuchen Sie so viel wie möglich über die Firma in Erfahrung zu bringen. Diese Vorbereitung kann Ihnen einen entscheidenden Vorsprung vor anderen Bewerbern verschaffen, dies zeigt Ihr Interesse an der Firma.

Beinahe alle Unternehmen lassen die Bewerber einen Personalbogen ausfüllen. Dies ist bei vielen Firmen für die Komplettierung der Bewerbungsunterlagen wichtig. Benutzen Sie zum Ausfüllen als Hilfestellung Ihren Lebenslauf. Es werden auch in machen Personalbogen unzulässigen Fragen gestellt.

Erlaubte Fragen

- Kündigungsfrist und frühester Eintrittstermin?
- Gekündigtes/ungekündigtes Arbeitsverhältnis?
- Unterliegen Sie dem Wettbewerbsverbot oder Konkurrenzklausel?
- Gründe für den Stellungswechsel?
- Wiederholte Bewerbung in diesem Unternehmen?
- Schwerbehindert?
- Einkommenswunsch?
- Bankverbindung zur bargeldlosen Überweisung?
- Wehrpflicht geleistet oder Zivildienstleistender?

Haben Sie Schulden? Für eine Anstellung als Kassierer ist die Frage verständlich, aber die Frage nach der Höhe des Bankguthabens ist unzulässig.

Leben Sie in geordneten Verhältnissen? Sollte auf jeden Fall mit Ja beantwortet werden.

Sind Sie vorbestraft? Wenn es sich um eine einschlägige Vorstrafe handelt, die im Bundesregister noch eingetragen und nicht gelöscht ist, darf gefragt werde z. B. Buchhalter mit Vermögensdelikten, Sicherheitsmitarbeiter darf keine Vorstrafen haben, Fahrer nach Verkehrsvergehen.

Sind Sie schwanger? Darf nach der Gleichberechtigung nicht gefragt werden, außer bei Besetzung eines Arbeitsplatzes nach besonderen Mutterschutzbestimmungen (Beispiel: schwere körperliche Arbeit, Mehrarbeit, Nachtarbeit), wo Schwangere nicht beschäftigt werden dürfen.

Welche Krankheiten haben Sie? Nur Krankheiten, die tatsächlich die Arbeitsleistung beeinflussen, dürfen den Arbeitgeber interessieren.

Personal-Fragebogen

Bewerbung als:	
Welchen Beruf haben Sie erlernt?	
Vor- und Zuname: (bei Frauen auch Geburtsname)	
PLZ-Wohnort	Straße
Telefonisch zu erreichen unter Nummer:	
geb. am in:	Staatszugeh.:
Familienstand:	Religion:
Zahl der Kinder:	Alter der Kinder:
Wann könnte Ihr frühester Eintritt sein?	
Welchen Stundenlohn bzw. Gehalt erwarten Sie?	
Welche Beschwerten oder Behinderungen haben Sie?	
Haben Sie sich schon früher bei uns beworben?	
In welcher Krankenkasse sind bzw. waren Sie versichert?	
Sind Lohnpfändungen zu erwarten?	
Sind Sie vorbestraft? ja/nein	Ursache
Haben Sie Verwandte im Betrieb?	
Welche Schulen besuchten Sie? von (Tag/Monat/Jahr) bis (Tag/Monat/Jahr) Schule in	
Haben Sie Spezialkenntnisse aus Lehrgängen oder Kurse besucht?	
Beschäftigungszeiten: von (Tag/Monat/Jahr) bis (Tag/Monat/Jahr) Firma Branche Tätigkeit (sofern Platz nicht ausreicht, bitte auf Extrablatt notieren)	
Können Sie Zeugnisse über Arbeitsverhältnisse einschließlich Ausbildung beifügen? ja/nein Von welchen Firmen?	
Besitzen Sie einen Führerschein? ja/nein	Welche Klasse?

Es wird ausdrücklich darauf hingewiesen und durch eigenhändige Unterschrift anerkannt, dass falsche oder mangelhafte Angaben auf diesem Bogen zur sofortigen Entlassung berechtigen.

.........................., den..........................

....
Unterschrift

Bewerbungsfehler

Die Bewerbungsunterlagen zeigen oft Schwächen und enthalten Fehler, zeigen große Mängel (vor allem Rechtschreibung und textlicher Gestaltung), wirken unübersichtlich, übertriebene Selbstdarstellung oder machen einen unsauberen Eindruck, Bei der Analyse erscheint der Bewerber wegen diesen Fehler als nicht geeignet, sodass jetzt schon die Unterlagen zurückgeschickt werden.

Die meisten Fehler sind

- a. Nicht aussagefähiger Lebenslauf und Lücken.
- b. Bewerbungsschreiben bezieht sich nicht auf die ausgeschriebene Stelle.
- c. Arbeitszeugnisse fehlen.
- d. Bewerberfoto ist schlecht.
- e. Gehaltsvorstellungen überzogen.
- f. Unzureichende Qualifizierung/Erfahrung für die ausgeschriebene Stelle fehlt.

Die Firma hat pro Bewerber etwa 1–3 Minuten zur Vorsortierung, wenn Sie mit Ihren Unterlagen nicht das Interesse am Weiterlesen wecken, erhalten Sie eine Absage. Erfahrungsgemäß bekommen rund 90% aller Bewerber aus diesen Gründen ihre Bewerbung zurückgeschickt.

Die meisten Chancen für ein Vorstellungsgespräch hat man schon im Telefonat mit der Firma, wenn man gleich einen Vorstellungstermin vereinbart, geht aber nur bei kleineren und mittleren Firmen.

Haben Sie auf Ihre schriftliche Bewerbung einen Vorstellungstermin erhalten, versuchen Sie so viel wie möglich über die Firma zu erfahren, auch im Internet, um so für das Vorstellungsgespräch gut gerüstet zu sein.

In kleinen oder mittleren Firmen werden Sie vom Unternehmer, Meister oder Beauftragten für diese Stelle, meist nur 2 Personen befragt.

Bei mittleren und großen Firmen sind meist mehrere Personen, die Sie befragen. Also ruhig bleiben und ruhig auf die Fragen antworten.

Wichtig

1) Pünktlich erscheinen, aber nicht mehr als 15 Minuten vorher.
2) Angemessene saubere Kleidung für die Stelle.
3) Nicht zuerst nach dem Lohn fragen, ergibt sich automatisch aus dem Gespräch.
4) Personalbogen ausfüllen, legen Sie sich Ihren Lebenslauf daneben, sorgfältig ausfüllen – wird meist bewertet.
5) Zeigen Sie Interesse an der Stelle, evtl. Arbeitsplatz und Arbeitsbeschreibung zeigen lassen.
6) Fragen Sie, was fachlich erwartet wird, evtl. Weiterbildung durch die Firma – zeigt Interesse.
7) Gibt es Entwicklungsmöglichkeiten in der Firma.

In vielen Firmen, meist größere Firmen, müssen Eignungstests gemacht werden – üben können Sie im Internet unter folgenden Adressen:

a) Teste deine „Beruflichen Talente und Fähigkeiten" von uni-protokolle.de
b) 330-Fragen-Testtraining von Focus
c) Ratschläge und Infos vom Arbeitsamt
d) IQ-Test von Website spide.de
e) Intelligenztest-Spieltest der Uni Aachen

Tipps zur Vorbereitung auf Eignungstests

- Ausgeruht, pünktlich, selbstbewusst und gelassen zum Testtermin erscheinen.
- Mehrere Kulis, Bleistifte, Radiergummi und Spitzer sowie eine Uhr, möglichst mit Sekundenzeiger, mitbringen.
- Meist wird in einem Vortest (Pretest) die Art und Weise des Tests vorgeführt. Genau aufpassen und fragen, wenn auch nur geringste Unklarheiten bestehen.
- Es herrscht Zeitdruck! Die meisten Tests sind so angelegt, dass selbst ein Nobelpreisträger nicht alles lösen kann. Sich davon nicht aus der Ruhe bringen lassen! Fragestellungen genau durchlesen und sofort anfangen.
- Sich nicht an einer schwierigen Aufgabe festbeißen, sondern die nächste anpacken. Am Ende der Zeit ruhig raten.
- Die Rückmeldungen aufmerksam verfolgen. Hier gibt es wichtige Infos, die beim nächsten Mal genutzt werden können.
Durch eine Absage nicht entmutigen lassen und neue Bewerbungen wagen. Denn: Eignungstests sind oft auch Glückssache oder von der Tagesform abhängig.

Flyer – Blindbewerbung

- Bewerbung um eine Stelle, die nicht ausgeschrieben ist.
- Vielleicht sind Sie der Einzige, der sich bewirbt und eine Stelle ist vakant.
- Welches Unternehmen braucht evtl. neue Mitarbeiter?
- Wer ist derjenige für Personal in der Firma?
- Benutzen Sie einen Flyer für die Bewerbung.

Als Anhang Flyer zur Intensivbewerbung, damit Sie nicht immer alle Unterlagen mitschicken müssen und auch so die Neugier eines Unternehmers oder Personalchefs auf sich anregen, auch sparen Sie damit Kosten.

Dieser wird aus Ihren Unterlagen wie:

        Vorblatt
        Anschreiben
        Lebenslauf

gestaltet, im Querformat 2-spaltig, nur einfach etwas verkleinern und schon haben Sie einen Flyer.

Wenn Sie gut mit dem PC umgehen können, kann dieser auch 3-spaltig gestaltet werden. Dies zeigt Ihre Kreativität, Interesse und Flexibilität an einer neuen Stelle.

Also, nicht entmutigen lassen und viel Erfolg bei der Suche nach einer neuen Arbeit.

Helga Pfannstiel

Fahrplan zum Abnehmen
ohne Diät

„Abnehmen ohne Diät" soll Ihnen zu einem besseren Verständnis für Ihre Ernährung und für Ihren Körper verhelfen und auch zu einer gesunden Kritik gegenüber industriell hergestellter Nahrung. Sie haben es selbst in der Hand, Ihre Ernährung frei zu wählen, Sie müssen es nur selbst wollen. Ohne Ihren eigenen Willen erreichen Sie nichts.
Aus diesen Gründen habe ich die heute gebräuchlichsten Nahrungsmittel auf ihre Verträglichkeit für die Gesundheit in der heutigen Zeit aufgezeichnet, um Ihnen einen Gesamtüberblick über die heute verwendeten Nahrungsmittel, Zusatzstoffe, Verarbeitungstechniken sowie Belastungen für Gesundheit und Umwelt und die Veränderung der Nahrung mit ihren Folgen für unseren Körper zu geben.
„Koch und iss das Richtige" – in diesem Sinne viel Freude und Genuss gibt Ihnen für eine gesündere Zukunft mit auf den Weg – Ihre Helga Pfannstiel

ISBN 978-3-86634-262-0 Hardcover, 25 x 20 cm
Preis: 19,50 Euro 96 Seiten, mit zahlr. Tabellen